LINGUAGEM CORPORAL

Comunicação Não Verbal Para Atrair Mulheres

(Como Analisar E Compreender A Comunicação Não Verbal)

Bob Gore

Traduzido por Daniel Heath

Bob Gore

Linguagem Corporal: Comunicação Não Verbal Para Atrair Mulheres (Como Analisar E Compreender A Comunicação Não Verbal)

ISBN 978-1-989837-21-4

Termos e Condições
De modo nenhum é permitido reproduzir, duplicar ou até mesmo transmitir qualquer parte deste documento em meios eletrônicos ou impressos. A gravação desta publicação é estritamente proibida e qualquer armazenamento deste documento não é permitido, a menos que haja permissão por escrito do editor. Todos os direitos são reservados.

As informações fornecidas neste documento são declaradas verdadeiras e consistentes, na medida em que qualquer responsabilidade, em termos de desatenção ou de outra forma, por qualquer uso ou abuso de quaisquer políticas, processos ou instruções contidas, é de responsabilidade exclusiva e pessoal do leitor destinatário. Sob nenhuma circunstância qualquer, responsabilidade legal ou culpa será imposta ao editor por qualquer reparação, dano ou perda monetária devida às informações aqui contidas, direta ou indiretamente. Os respectivos autores são proprietários de todos os direitos autorais não detidos pelo editor.

Aviso Legal:
Este livro é protegido por direitos autorais. Ele é designado exclusivamente para uso pessoal. Você não pode alterar, distribuir, vender, usar, citar ou parafrasear qualquer parte ou o conteúdo deste ebook sem o consentimento do autor ou proprietário dos direitos autorais. Ações legais poderão ser tomadas caso isso seja violado.

Termos de Responsabilidade:
Observe também que as informações contidas neste documento são apenas para fins educacionais e de entretenimento. Todo esforço foi feito para fornecer informações completas precisas, atualizadas e confiáveis. Nenhuma garantia de qualquer tipo é expressa ou mesmo implícita. Os leitores reconhecem que o autor não está envolvido na prestação de aconselhamento jurídico, financeiro, médico ou profissional.

Ao ler este documento, o leitor concorda que sob nenhuma circunstância somos responsáveis por quaisquer perdas, diretas ou indiretas, que venham a ocorrer como resultado do uso de informações contidas neste documento, incluindo, mas não limitado a, erros, omissões, ou imprecisões.

Índice

Parte 1 1
Introdução 2
Capítulo 1: Usando A Linguagem Corporal Para Criar Atração 9
Capítulo 2: Usando A Linguagem Corporal Para Influenciar Os Outros 20

DILATAÇÃO DAS PUPILAS 21
SORRISO DE DUNCHENE 21
OLHANDO 22
TOCANDO 22
SUSPIRANDO 22
MOVIMENTOS 22
BALANÇANDO A CABEÇA 23
DE PÉ 23
INCLINAÇÃO 24
USE O SEU PÉ PARA APONTAR 24
POSTURA DE PODER 24
USE GESTOS ENQUANTO CONVERSA 25
CONTATO VISUAL 26
UM FIRME E AMIGÁVEL APERTO DE MÃO 26

Capítulo 3: Usando A Linguagem Corporal Em Ocasiões Sociais 26

AS MULHERES TAMBÉM EXPRESSAM SEUS SENTIMENTOS ATRAVÉS DESSES SINAIS: 32
OS HOMENS EXPRESSAM SEUS SENTIMENTOS POR: 33

Capítulo 4: A Conexão Do Corpo Com A Mente 33

DUALISMO 38
MONISMO 39
MATERIALISMO 39

Metalismo	39
Conclusão	41
Parte 2	43
Introdução	44
Capítulo 1:	47
O Básico Da Linguagem Corporal	47
A Ciência Da Linguagem Corporal	49
A Importância De Entender A Linguagem Corporal De Outras Pessoas	50
Capítulo 2:	51
Compreendendo A Simples, Porém Ponderosa Linguagem Corporal	51
Capítulo 3:	55
Ler As Emoções E Pensamentos Das Outras Pessoas	55
Entender Como Uma Pessoa Se Sente	56
Saber Se Uma Pessoa Não Está Lhe Dizendo A Verdade	56
Durante Entrevistas De Emprego	57
Durante Conversas	58
Outras Situações Comuns	59
Capítulo 4:	61
Interpretandoa Linguagem Corporal Das Outras Pessoas	61
Gestos Com As Palmas Das Mãos	63
Mãos E Braços	65
Esfregar As Mãos:	66
Entrelaçar As Mãos:	66
Mão Pináculo:	68
Segurando Mãos, Braços E Pulsos:	69
Disposição Dos Dedões:	70
Gestos De Barreiras Com Os Braços	72
Gestos Padrões De Braços Cruzados:	72

GESTO SEGURANDO OS BRAÇOS 73
GESTOS DE BARREIRAS COM BRAÇOS PARCIALMENTE CRUZADOS 73
BRAÇOS CRUZADOS DISFARÇADOS 74
POSIÇÃO PADRÃO DA PERNA CRUZADA 76
PERNA CRUZADA EM FORMA DEQUATRO 77
GESTOS COM A PERNA CRUZADA DE PÉ 78
POSIÇÃO DOS CALCANHARES CRUZADOS 78
GESTOS COM A MÃO NO ROSTO. 80
TOCAR O NARIZ E ESFREGAR O OLHO 81
MASSAGEAR A ORELHA E COÇAR O PESCOÇO 82
O GESTO DE PUXAR O COLARINHO E 83
O GESTO DOS DEDOS NA BOCA 83
GESTOS ENVOLVENDO A BOCHECHA 84
OS GESTOS DE ACARICIAR O QUEIXO 85
GESTOS DE ACARICIAR E BATER NA CABEÇA 86

Capítulo 5: 88

Usando A Linguagem Corporal 88

Para Criar Boas Impressões 88

MESMO QUE VOCÊ ESTEJA ANSIOSO, TENTE NÃO DEMONSTRAR 89
FINJA UM HUMOR LEVE. 90
ESTEJA EM SINCRONIA CONSIGO MESMO. 91

Capítulo 6: 92

Persuadire Influenciar Eficientemente 92

PEÇA PESSOALMENTE 92
MANTENHA SUA LINGUAGEM CORPORAL ALINHADA 94
SEJA CONSISTENTE 95
OBSERVE SUA LINGUAGEM CORPORAL 96
SEJA UMA PESSOA ÍNTEGRA 96

Capítulo 7: 99

Erros Comuns Ao Interpretar 99

A Linguagem Corporal 99

Sorrisos Mal Compreendidos 99
Mentiras Mal Interpretadas 100
Toques Mal Interpretados 100
"Uhs !? " Mal Interpretados 101

Conclusão 103

Parte 1

Introdução

Eu gostaria de dizer obrigado e te parabenizar por baixar esse livro, "Linguagem corporal". Linguagem corporal é algo que apenas alguns de nós estudamos, mas é uma das principais coisas que usamos para nos comunicar com as pessoas. Muitos dizem que a maioria do que usamos para nos comunicar é feito com a linguagem corporal. O que significa que se você não entende a linguagem corporal, então você é totalmente capaz de entender o que a outra pessoa está te dizendo.

As mulheres gostam de um cara que consegue se comunicar e parecer forte, confiante, macho alpha. Se for uma escolha entre um cara extremamente atraente que parece estar nervoso e inseguro e outro mais ou menos atraente mas que parece confiante e seguro – elas irão escolher o cara confiante e seguro! Se você quer ser esse cara você tem que entender como você está se comunicando com o seu corpo e como controlar as coisas quando está se comunicando.

Sempre que você está se comunicando com alguém, você as dá sinais não verbais. Isso podem ser gestos, a maneira como se senta, um toque no braço e muitas outras maneiras que fazemos durante nossa comunicação. Apesar de todos nós entendermos a comunicação não verbal subconscientemente, aprender como conscientemente entender nossa comunicação não verbal pode levar a não só entendermos melhor as outras pessoas – mas também teremos um controle melhor em todos os aspectos da vida.

Porque o seu cérebro automaticamente capta os sentimentos demonstrados por outras pessoas na comunicação não verbal, você sempre percebe inconscientemente os sentimentos de uma outra pessoa. Mas esse sentimento pode estar errado. Quando você pensa automaticamente "aquela pessoa não está afim de conversar" Um melhor e consciente entendimento de comunicação não verbal pode te levar a perceber que elas parecem assim porque estão nervosas.

Isso pode evitar também de você de passar a mesma impressão. Especialmente em ocasiões onde não será possível que você evite se sentir nervoso no momento. No momento que você puder se sentir naturalmente confiante e forte, mas até lá você vai precisar conscientemente agir desse jeito.

De acordo com a "a importância de uma comunicação efetiva de Edward G. Wertheim, Ph. D, A comunicação não verbal geralmente acontece de cinco maneiras com você se comunica com alguém.

Repetição: A comunicação não verbal pode repetir a mensagem que alguém diz de forma verbal.

Contradição: A comunicação não verbal pode contradizer a mensagem que está sendo passada verbalmente.

Substituição: A comunicação não verbal pode substituir a mensagem dita de forma verbal. Wertheim dá um exemplo "o olho de uma pessoa pode transmitir uma mensagem melhor do que as palavras."

Complementação: A comunicação não verbal pode adicionar, ou complementar, a mensagem verbal. Wertheim dá um exemplo: "Um chefe que dá um tapinha nas costas de alguém além de elogia-lo pode melhorar o impacto da mensagem."

Acentuando: A comunicação não verbal pode acentuar ou dar mais ênfase a comunicação verbal. Wertheim dá um exemplo: "bater na mesa pode dar ênfase a uma mensagem."

Esse conhecimento pode te ajudar a usar a comunicação não verbal de forma mais efetiva. Por exemplo, bater na mesa enquanto chama alguém para sair, não é uma boa maneira de usar a comunicação não verbal. Isso vai contradizer as palavras que você está dizendo (ou acentuar de uma maneira bem ruim!) porém olhar alguém nos olhos e dizer algo romântico vai adicionar muito as palavras que você está dizendo.

Obrigado novamente por baixar esse livro, espero que você goste!

Copyright 2020. Todos os direitos reservados.

Este documento é voltado para fornecer informações exatas e confiáveis em relação ao tópico e assunto abordados. A publicação é vendida com a ideia de que o editor não é obrigado a prestar serviços de contabilidade, oficialmente autorizados ou de outra forma qualificados. Se o conselho é necessário, legal ou profissional, um indivíduo experiente na profissão deve ser ordenado.

De uma Declaração de Princípios que foi aceita e aprovada igualmente por um Comitê da American Bar Association e um Comitê de Editores e Associações.

De nenhuma maneira é legal reproduzir, duplicar ou transmitir qualquer parte deste documento em meios eletrônicos ou impressos. A gravação desta publicação é estritamente proibida e qualquer armazenamento deste documento não é permitido, a menos que haja permissão por escrito do editor. Todos os direitos reservados.

As informações fornecidas neste documento são declaradas verdadeiras e consistentes, na medida em que qualquer responsabilidade, em termos de desatenção ou de outra forma, por qualquer uso ou abuso de quaisquer políticas, processos ou instruções contidas é de responsabilidade exclusiva e solitária do leitor destinatário. Sob nenhuma circunstância qualquer responsabilidade legal ou culpa será imposta ao editor por qualquer reparação, dano ou perda monetária devida às informações aqui contidas, direta ou indiretamente.

Os autores respetivos são proprietários de todos os direitos de autor não detidos pelo editor.

As informações aqui contidas são oferecidas apenas para fins informativos e são universais como tal. A apresentação da informação é sem contrato ou qualquer tipo de garantia.

As marcas comerciais utilizadas são sem qualquer consentimento e a publicação da marca comercial é sem permissão ou apoio do proprietário da marca comercial.

Todas as marcas registradas e marcas contidas neste manual são apenas para fins de esclarecimento e são de propriedade dos próprios proprietários, não afiliadas a este documento.

Capítulo 1: Usando a linguagem corporal para criar atração

Imagine o seguinte, você está em um bar e vê uma mulher bonita do outro lado. Você se sente nervoso, você não sabe o que fazer com as suas mãos, você olha para o chão e olha de volta para ela, você olha para todos os lados nervoso... o que você acha que ela está pensando nesse momento? Eu vou te dizer o que ela certamente não está pensando "uau, eu quero conhecer esse cara!"

Seus movimentos precisam parecer relaxados e você tem que ter total controle sobre isso. Quando você olhar para o outro lado e ver uma mulher bonita você precisa manter suas mãos aonde se sinta confortável, manter o contato visual, e permanecer sorrindo. Se você parecer relaxado e sob controle, você irá parecer confiante e dominante... que é exatamente o que ela procura em um homem. Quando você estiver sentado, incline-se para trás, mantenha seus braços relaxados e se sinta confortável.

Ponha o seu corpo erguido: Mantenha o seu corpo aberto quando se aproximar de uma mulher, braços de lado e pernas abertas na altura do ombro. Deixe-as saber que você está as convidando, melhor do que as afastar.

Mantenha suas costas eretas: Esteja você andando ou sentado, manter as suas costas eretas é vital para que você se pareça um macho alpha e seja atraente no olhar das mulheres. Todos sabem que homens mais altos parecem mais poderosos – e o poder é algo que atrai as mulheres. Um grande motivo de Bill Clinton ter sido tão atraente para as mulheres (sem contar seu contato visual) foi sua altura e a maneira com que se portava. Manter suas costas eretas dará a mesma impressão as mulheres de você.

Conquiste seu espaço: Machos alpha marcam e controlam o seu território. Isso não significa que você precisa agir feito um cachorro e urinar no espaço que você deseja marcar para você. Apenas conquiste quanto espaço você precisa – abra as suas pernas para tomar o lugar, as lance o mais longe que conseguir e ponha o seu braço onde você quiser. Esse é o seu espaço e como um macho alpha é seu dever conquista-lo.

Permaneça calmo: Mesmo que não haja nada errado em mostrar que não está satisfeito com algo, ou até mesmo com um pouco de raiva. Lembre-se, o macho alpha está sempre defendendo a sua posição como um líder do bando. Você nunca quer mostrar muita emoção, especialmente quando se está diante de uma mulher. Se uma mulher te ver agindo de forma emotiva ou estourando facilmente, elas saberão que você não é um macho alpha de verdade. Uma grande demonstração de que você é o macho alpha é o fato de você estar no controle. Ninguém elas não podem controlar suas emoções, como podem controlar alguma outra coisa.

Então se alguma coisa te irritar, não haja de modo muito feliz – isso também não é atitude de um macho alfa também- você deve agir de forma indiferente. Mesmo que não esteja feliz com o que ocorreu, não te chateia o suficiente para te irritar. Especialmente se for algo que ela tenha feito, por exemplo – deixar você sozinho e ir conversar com outra pessoa enquanto vocês estão em um encontro. Com certeza você não está feliz com isso, mas você é o macho alpha, isso não te irrita. Apenas saia e vá conversar com outra pessoa, talvez uma menina bonita do outro lado – quem sabe, você pode acabar não voltando para conversar com ela.

Uma grande dica... mantenha o contato visual: o contato visual demonstra confiança, dominância e interesse. Bem como dá as mulheres a impressão de que você tem confiança o suficiente para manter o contato visual com elas, isso também dá a impressão de que você está cativado por ela. Alguma vez você já ouviu uma mulher dizer que se sente como a "única mulher no local"? Essa é a maneira que você as deve fazer se sentir, mantendo o contato visual, balançando a cabeça para mostrar que você está ouvindo e inclinando sua cabeça para mostrar que está interessado. Existe algumas coisas que as mulheres gostam de sentir além de ser a única mulher no local. Existem 3 fundamentos para parecer poderoso, linguagem corporal masculina e elas são muito simples:

Confiança: A linguagem corporal de um macho alpha precisa demonstrar confiança. O macho alpha não tem medo de se destacar em lugar nenhum, ele não tem medo de olhar alguém no olho e certamente não se sente nervoso em conhecer novas pessoas. Tudo isso é demonstrado em sua linguagem corporal de macho alpha.

Dominância: O macho alpha é dominante, ele se mantém de pé em qualquer lugar. Ele não quebra o contato visual de primeira, ele não se faz pequeno, sem que as pessoas o notem e ele não tem medo de tocar outras pessoas.

Confortável: O macho alpha está confortável com seu corpo e com o que está em sua volta. Se ele quer olhar para algum lugar, ele olha – se ele quiser conversar com alguém, ele conversa com essa pessoa, se ele não está feliz ele não finge estar.

Os três elementos para o poder na linguagem corporal masculina não são difícil de entender. Mas o mais importante não é conhece-las, e coloca-las em ação. A maneira com que você põe isso em ação é focar em uma parte de sua linguagem corporal por vez até que se torne natural. Então, sem mais delongas, vamos começar a pôr isso em prática!

Contato visual

Como explicado anteriormente, o contato visual é um método de comunicação não verbal que demonstra confiança e dominância. Muitos homens olham para o outro lado quando alguém faz um contato visual com ele, o que é um traço de um amador e que demonstra que ele não é um alpha.

Para começar a ter o contato visual natural como parte da sua linguagem corporal, você precisa estar confortável com o contato visual. Você precisa se sentir confortável ao olhar para qualquer lado que você quiser, quando você quiser. Se você olhar para uma mulher e ela "pegar" você então você tem que estar confortável o suficiente para não olhar para o outro lado, manter os seus olhos nos olhos dela e sorrindo para mostrar que você está confiante como macho alpha.

Expressões faciais

Ser um macho alpha se trata de estar confiante e relaxado – suas expressões faciais de longe demonstram esses traços. Suas expressões faciais são sempre pensadas de forma completamente inconsciente, então se você parece fraco e inseguro em suas expressões faciais – As pessoas vão achar que você é assim naturalmente.

Postura

A postura do macho alpha é ereta, forte e dominante. Muitas pessoas interpretam como simplesmente uma postura de ser manter reto, mas existe algo a mais do que isso. Você precisar esticar suas pernas completamente, sem dobrar os joelhos. Suas costas precisam estar esticadas em forma de C para trás de forma que fique reto e não debruçado na mesa. Isso pode levar um tempo para você aprender, mas tenha certeza de que seu peito está estufado e você pareça forte e alto. Finalmente, mantenha seus ombros abertos o que vai ajudar você a estufar seu peito. Essa postura demora um tempo para você aprendermas uma vez que você a domine, você irá parecer um homem forte e dominante.

Capítulo 2: Usando a linguagem corporal para influenciar os outros

Pesquisas de psicologia mostrou abertamente que a linguagem não verbal das outras pessoas tem a capacidade de gerar emoções cognitivas em nós. A maneira como as pessoas agem pode ajudar ou atrapalha-las a alcançar seus objetivos. O subconsciente humano mostra os sinais corporais o tempo todo e deixam os outros entenderem como você está, seu caráter e seu humor. Quando você fazesses sinais, você tem o poder de escolher como se mostrar para as pessoas. Você pode usar a sua linguagem corporal para se comunicar de uma maneira melhor, se conectar com as pessoas e as influenciar. Ter linguagem corporal automaticamente demostra poder, também demostra confiança e isso ocasionará em pessoas sendo influenciadas por você. Entretanto, as pessoas só serão persuadidas se elas confiarem em você. Então, é vital que você use a sua linguagem corporal para fazer as pessoas se sentirem conectadas e não dominadas. Quando as pessoas estão franzindo a testa, encolhendo os ombros então elas estão se sentindo inferior.

Dilatação das pupilas

Alguns estudos mostraram que a dilatação das pupilas demonstra um interesse. Pessoas com as pupilas dilatadas são consideradas mais atraentes sexualmente, isso se deve talvez ao fato de acreditarmos que a outra pessoa também estar interessada em nós. Em tempos mais antigos, as mulheres dilatavam suas pupilas para parecer mais atraentes. Entretanto, isso acontece subconscientemente.

Sorriso de Dunchene

Esse termo é utilizado para se referir a um sorriso sincero. É um sorriso de quando você está feliz. Quando alguém sorri genuinamente a nós, nós damos um sorriso sincero de volta rapidamente. Os grandes sorrisos fazem você se tornar aconchegante e amigável e isso fará com que as pessoas confiem em você. As pessoas estarão esperando para te escutar se elas gostam de você, e um bom sorriso é o primeiro passo para construir uma confiança.

Olhando

Um contato visual direto para outra pessoa pode causar medo. Se um estanho começa a olhar para nós, nos vemos isso como uma ameaça. Isso também pode ser visto nos animais. Um olhar direto pode fazer um animal se sentir ameaçado.

Tocando

Em um certo estudo, as garçonetes de um hotel tocavam de leve o braço de alguns de seus clientes. O toque levou a nossas dicas maiores dicas. Um toque da pessoa que amamos libera oxitocina que culmina em atração sexual e uma ligação entre os dois.

Suspirando

Existem algumas razões para as pessoas suspirarem. Mas isso afeta as outras pessoas que começam a perguntar, "O que você tem?"

Movimentos

As pessoas buscam um bom relacionamento procurando racionalidade e similaridades em outras pessoas. Uma maneira rápida de fazer isso é usar o corpo. Se você copiar de forma sutil a outra pessoa, ela vai se conectar a você sem saber o porquê. Quando ela cruzar as pernas também o faça. Não importa o que ela faça, faça o mesmo. Elas vão começar a, subconscientemente, fazer o que você faz e você ficará em posição de influenciador.

Balançando a cabeça
Se você balança a cabeça, ele vai sentir que deve fazer o mesmo. Comece a balançar a cabeça enquanto elas falam, para confirmar ou concordar com o que está sendo dito. Depois disso balance a sua cabeça enquanto você estiver falando e veja a reação dela. Quando elas balançam a cabeça elas têm a tendência de concordar com o que você está falando e propondo.

De pé
Quando você está falando com alguém de pé e ela ou ele está sentado, você imediatamente está em vantagem. Isso acontece porque ficar de pé faz as outras

sentirem que você é forte e dominante e então elas são mais propicias a gostar. Entretanto, um não pode ficar de pé diante do outro por muito tempo, ou se inclinar muito. Isso as fará desconfortáveis e será visto como bullying.

Além disso, mesmo quando você fizer ligações, você precisa estar de pé para influenciar o resultado. Mesmo que a outra pessoa não esteja vendo você, quando você está de pé, você se sente mais sob controle e será mais assertivo.

Inclinação

Quando você inclina a cabeça para alguém, isso mostra que você está interessado nela. Isso as faz se sentirem mais importantes, e elas irão concordar mais com você.

Use o seu pé para apontar

Apontar o seu pé para alguma coisa é um sinal positivo. Se você os aponta para alguém, isso mostra que você gosta dela e está interessado.

Postura de poder

Isso envolve abrir o seu corpo para ocupar mais espaço. Estudos mostram que isso demonstra bastante confiança e com bons efeitos. Um bom exemplo é por as mãos atrás da cabeça com os pés em cima da mesa ou em pé, com os pés afastados e as mãos no quadril.

Um estudo na universidade de Harvard mostrou que os estudantes que praticaram por dois minutos poses de poder se deram melhor nas entrevistas. Outro estudo também revelou que estar em poses de poder eleva o seu nível de testosterona, adrenalina, tolerância a dor e autoestima. Além disso, elas acalmam os seus nervos e melhoram sua respiração.

Use gestos enquanto conversa

Uma pesquisa revelou que as pessoas explicarão melhor problemas matemáticos e lembrar das letras se for possível que elas façam gestos enquanto falam. Não só os gestos ajudam no processamento de seus pensamentos, como também te ajudar a causar uma boa impressão.

A mesma pesquisa também mostra que os palestrantes são ditos como bons e competentes quando usando suas mãos para fazer gestos. Os gestos também ajudam a plateia a entender e se lembrar do que foi dito.

Contato visual

Isso pode ser bom ou ruim para você em um encontro. Isso porque demostra confiança, atenção e vão acreditar em você. Desviar seus olhos de um contato visual com outra pessoa demonstra que falta confiança e podem enfraquecer as suas chances de ter o que você deseja. Analisando o outro lado, muito contato visual pode ser considerado intimidador.

Um firme e amigável aperto de mão

A maioria das negociações começam com um aperto de mão. Você deve apertar uma mão com firmeza, mas também não tão forte. Um aperto de mão fraco demostra inferioridade.

Capítulo 3: Usando a linguagem corporal em ocasiões sociais

Linguagem corporal é importante quando nós encontramos uma pessoa pela primeira vez. Isso ocorre porque nós formamos nossa opinião durante os primeiros segundos de um encontro. Isso ocorre de duas maneiras:

1. quando encontramos uma pessoa pela primeira vez, a linguagem corporal dela, tanto inconsciente como consciente, irá influenciar grandemente a impressão delas sobre você.

2. Quando alguém nos conhece pela primeira vez, eles formam sua primeira impressão de nós dependendo de nossa linguagem corporal e sinais não verbais.

A habilidade de ler a linguagem corporal nossa será de:

Perceber como as pessoas se sentem e o que elas querem dizer.

Entender como as pessoas usam sua própria linguagem não verbal.

Ter um melhor entendimento de nós mesmos.

Diferentes partes do corpo se relacionam com diferentes sinais em ocasiões sociais. Os olhos tendem a olhar para a direita quando estamos imaginando e para a esquerda quando estamos lembrando de alguma coisa. Em situações sociais, imaginando pode se tornar mentindo, mas isso nem sempre é certo. Também, dizer algo olhando para a direita não quer dizer que está contando uma mentira. Pode significar que a pessoa não tem uma ideia sobre o assunto e está chutando.

Segundamente, a boca é conectada também com outras linguagens corporais. Sorrisos verdadeiros são simétricos e são percebidos ao redor dos olhos e da boca. Por outro lado, sorrisos falsos tendem a serem percebidos somente na boca.

As mãos também são boas para indicar humor e sentimentos especialmente quando combinados com linguagem corporal. Braços cruzados significam que a pessoa está na defensiva. Isso também ocorre quando se cruza os braços e as pernas. Braços cruzados, pernas cruzadas, franzir e apertar os punhos são também um sinal de que se está na defensiva, mas é um sinal de hostilidade também.

A linguagem corporal é utilizada por algumas razões:

1. Para enfatizar. Isso é feito apontando, encostando e dando cortadas.

2. Para ilustrar. Ações de desenhar, moldar e dimensionar coisas no ar.

3. Sinais específicos como o OK, dedões para cima, sinais de vitória bem como sinais ofensivos.

4. Dizendo oi para as pessoas e mexendo as mãos dando tchau.

5. Também em sinais de distração mexendo com lápis, cigarros e outras partes do corpo. Isso indica agir com dúvida, receio, pressão ou até mesmo expectativas.

De acordo com especialistas, as mãos mandam mais sinais que qualquer outra parte do corpo a não ser pelo rosto. Mais do que isso, a mão te faz perceber diversas informações. Você deve estar atento que em diferentes culturas os sinais das mãos possuem significados diferentes.

As pernas e os pés dificilmente são controlados conscientemente ou até mesmo falsos. Eles podem fornecer excelentes dicas dos sentimentos e humor de outra pessoa que podem ser lidos podem esses sinais. Homem senta de uma maneira diferente da mulher, e isso pode ser considerado ao se analisar os sinais das pernas. Homens naturalmente sentam com as pernas mais abertas do que uma mulher.

Porém outras posições da perna aberta não são exclusividade dos homens, mas mulheres também, especialmente quando estão de saias curtas. Além disso mulheres mais velhas tendem a se portar de pernas fechadas devido a regras sociais, igualdade, vestuário e educação. As pessoas geralmente trocam a posição das pernas quando ficam sentadas por muito tempo.

A linguagem corporal varia de acordo com as culturas. As pessoas da índia mexem a cabeça para o lado em sinal de concordância e atenção. Por outro lado, pessoas do ocidente balançam a cabeça para cima e para baixo em sinal de afirmação. Temos também o filipino se sente ofendido quando se mostra o seu dedo indicador para eles.

Em algumas culturas, é falta de respeito olhar uma pessoa mais velha nos olhos. Além disso, em países árabes, os dedos são considerados rudes. Isso também serve quando se aponta para os pés de outra pessoa. Isso ocorre porque o pé é parte mais inferior do corpo quando comparado ao resto do corpo. A mão esquerda na Arábia não pode ser usada nem para acenar e nem para comer. No Japão, levantar a sobrancelha é considerado rude ou uma indicação de desejo sexual.

O ok americano é considerado rude na Alemanha, américa latina e oriente médio. Na cultura oriental o gesto para chamar alguém é feito com as palmas das mãos para baixo ao contrário da cultura ocidental.

Na Holanda, tocar em um templo com o dedo indicador pode significar que alguém é inteligente enquanto em outros lugares pode significar que você é doido ou mudo.

Japão

O Japão tem talvez uma das mais complexas e fascinantes etiquetas de linguagem corporal, sinais e gestos de todo o mundo:

Uma risada alta significa que você está nervoso
Quando se apresentar, incline seu corpo ao invés de apertar suas mãos
Os documentos devem ser recebidos em ambas as mãos e guardado na carteira ou na parte superior do corpo. Segurar uma identidade com só uma mão é falta de respeito.
Assoar o nariz em um lenço em público é obsceno.
As mulheres também expressam seus sentimentos através desses sinais:
Contato visual
Fazendo contato visual e depois olhando para outro lugar
Abrindo mais os olhos
Mexendo os cílios
Dilatando as pupilas
Olhando para os lados
Olhando em cima do ombro
Sorrindo
Umedecendo os lábios
Dentes nos lábios
Se tocando e muitas outras

Os homens expressam seus sentimentos por:
Postura ereta
Ombros largos
Postura Cowboy
Mãos no bolso
Olhando para a sala e muito mais
Depois do estágio inicial, sinais mais sérios são:
Contato visual
Contato visual devolvido por um homem
Sorriso mutuo
Escutando atentamente
Tocando
Se curvar é principalmente feito pelos homens. Significa ter apreço. A reverência é a versão feminina do sinal feito pelo homem.

Capítulo 4: A conexão do corpo com a mente

Pessoas com boa saúde emocional sempre estão conscientes de seus pensamentos, sentimentos e comportamentos. O corpo de uma pessoa responde do jeito que ela pensa, sente e age. Quando você está sob estresse, ansiedade ou está nervoso, o responde irá responder como se algo estivesse errado. Por exemplo, pressão alta ou úlceras no estomago podem ser desenvolvidos devido a situações estressantes que você tenha vivido. Os exemplos a seguir pode atestar que sua mente está fora do lugar:

Dores nas costas e na nuca
Mudanças de apetite
Dores no peito
Constipação no estomago
Cansaço extremo

Se sua saúde emocional está debilitada, o seu sistema imunológico pode estar enfraquecido. Isso pode te levar a resfriados bem com outras infecções. Além disso, quando você está estressado ou ansioso, você não se preocupa muito em cuidar de você mesmo.

Pode te ajudar se você compartilhar os seus problemas com família ou amigos. Pode ajudar também se você não ficar muito obcecado com suas obrigações, ao invés disso tenha uma vida balanceada.

Apenas se preocupe com suas tarefas diárias.

Deve-se também desenvolver resiliência para lidar com o estresse. Além de acalmar seu corpo e sua mente, você deve tomar conta de si mesmo.

A conexão da mente com o corpo mostra o que estamos pensando, sentindo e no acreditamos e isso pode impactar positivamente ou negativamente suas funções biológicas. Nós podemos dizer que a nossa mente influência nossa saúde.

Além disso, o que fazemos com nosso corpo físico pode influenciar nossa saúde mental. Isso nós leva a uma relação interna entre mente e corpo. A mente não pode ser separada do corpo.

Algumas técnicas que podem ser usadas para melhorar sua mente e consequentemente impactar no corpo:

Grupos de apoio
Meditação
Terapia de comportamento cognitivo
Oração
Yoga
Terapias criativas

Terapias corpo mente utilizam o corpo para afetar a mente. Essas terapias estão inter-relacionadas. O corpo influência a mente, o que impacta no corpo. O que é importante para nós sabermos é que a mente não significa somente o cérebro. A mente é uma composição de pensamentos, emoções, atitudes e imagens. O cérebro é somente um hardware que nos proporciona termos essas sensações.

O seu estado mental pode ser consciente ou subconsciente. Nós podemos experimentar reações emocionais sem nem mesmos estarmos conscientes. Todo estado mental possui uma fisiologia à qual está ligada, um efeito positivo ou negativo que se realiza no corpo físico. Por exemplo, a ansiedade mental resulta na produção de hormônios do estresse.

Muitas terapias de mente corpo se constituem em você conseguir se tornar mais consciente de seus estados mentais usando a lógica em uma melhor e uma construtiva direção.

A consciência mente-corpo não é um fenômeno novo. Cerca de trezentos anos atrás, o campo da medicina tratava a mente e o corpo como um só. No entanto, no século XVII, o mundo ocidental começou a ver a mente e o corpo como duas entidades separadas. O corpo é visto como uma máquina, consistindo de partes que são substituíveis, independentes e sem conexão com a mente.

Essa visão traz benefícios porque funcionou como uma base para o avanços em cirurgias, tratamentos de traumas e outras áreas da medicina. Entretanto no começo do século 20, essa visão começou a mudar. Pesquisadores começaram a estudar a conexão de mente e corpo e cientificamente mostraram as complexas ligações que existem entre corpo e mente.

Uma das grandes dúvidas na psicologia e na filosofia é se a mente é parte do corpo ou se o corpo é parte da mente. Diversas teorias foram elaboradas tentando explicar isso. Entretanto, a explicação mais comum diz que a mente e o corpo são coisas completamente separadas ou então são uma só.

Dualismo

Essa teoria explica que os homens são objetos materiais. Não temos corpo e somos compostos de sólido, líquidos e também gases. De qualquer jeito, não como outros objetos matérias, como por exemplo as pedras, os humanos têm o poder de fazer julgamentos e razão de existir.

Dizem que os seres humanos possuem tanto uma mente quanto um corpo. Esse é o conceito de dualismo. É da opinião que a mente e o corpo existem como entidades separadas. Além disso, o dualismo argumenta que existe uma interação bidirecional entre as substâncias mentais e físicas.

O dualismo diz ainda que a mente interage com o corpo na pineal. Também diz que a mente controla o corpo, mas o corpo tem a capacidade de controlar a mente racional (como quando as pessoas fazem coisas por paixão).

Monismo
Existem dois tipos de Monismo:
Materialismo
Essa é a crença de não existe nada além do mundo material. Essa é uma visão que acredita que a consciência mental é resultado de uma ação cerebral. Processos mentais podem identificados puramente como uma reação física processada no sistema nervoso e a humanidade é tão complicado quanto suas reações físicas.
Metalismo
Isso se refere ao idealismo subjetivo e um ponto de vista que os objetos físicos podem ser reduzidos a objetos mentais, propriedades ou eventos. Apenas objetos mentais, como a própria mente são reais. Tudo o que pensamos nada mais é do que uma percepção de nossa mente. Antes que faça um julgamento prévio, leia isso:
Os cientistas encaminharam algumas perguntas para três vítimas de AVC que eram hemiplégicas. Hemiplégico significa que eles perderam a mobilidade de um lado do corpo. Os três alegaram que tinham a capacidade de mover bem as

mãos direita e esquerda, apesar de serem declarações contraditória que notoriamente poderiam ser vistas no espelho.

Behavioristas acreditam que a mente não existe. Por outro lado, os biólogos dizem que o cérebro é a mente. Behavioristas e biólogos acreditam no monismo.

Um estudo colocou alguns participantes em um transe e disse-lhes que eles seriam tocados com metal vermelho quente, mas no sentido real, eles foram tocados com um lápis. Os participantes tiveram uma reação na pele semelhante a serem queimados com um metal. Isso mostra claramente que a mente afeta o corpo. Isso também contradiz a abordagem do monismo porque o corpo não poderia ter reagido dessa maneira, não fosse pela mente. Isso ajuda o dualismo.

Conclusão

Gostaria de agradecer novamente a você por baixar o livro!
A linguagem corporal é incrivelmente importante. A maioria dos seus sentimentos você transmite aos outros através de sua linguagem corporal- 55% delas na verdade. É prestar atenção em sua linguagem corporal, se você não o fizer, há uma grande chance não gostarem de você ou não te dar credibilidade.
O mais importante, a linguagem corporal irá te levar a ter um real impacto físico. Você irá parecer mais forte, confiante macho alfa.
O que quer que você acredite ser a conexão mente e corpo ou corpo e mente, tenha certeza de uma coisa: qualquer coisa que você fizer com seu corpo, sua mente o acompanhará; e o que você fizer em sua mente o seu corpo acompanhará. Se você age com confiança conscientemente por um período de tempo, você começará a se sentir confiante. Consequentemente, se você se

sentir confiante e acreditar em você, então você adotará uma linguagem corporal que inspire confiança. Isso nós não podemos negar e foi provado depois de anos com pesquisa. Então, se você seguir os conselhos desse livro, e começar a mudar a maneira como você se porta, de sua cabeça até os pés, você irá entender que certas linguagens corporais são interpretadas de maneira diferente dependendo do gênero, cultura e diferentes ambientes sociais, então você vai definitivamente atrair as mulheres, melhorar sua performance, influenciar as pessoas e ser bem sucedido na vida!
Finalmente se você gostou desse livro, então eu gostaria que você me fizesse a gentileza de fazer uma análise desse livro? Eu ficaria muito agradecido!
Muito obrigado e boa sorte!

Parte 2

Introdução

É importante entender que a comunicação conecta as pessoas. Linguagem corporal é tão vital quanto à palavra falada. A habilidade de expressar e entender sinais não verbais comunica interesses e constrói relacionamentos sólidos.

Sinais sem palavras são geralmente diferentes da palavra falada, mas a linguagem corporal inconsciente geralmente expressa os mais verdadeiros sentimentos e desejos. A forma como as pessoas se movem, ouvem, olham ou respondem é vista e medida através da linguagem corporal. Esses sinais corporais podem construir confiança e conexão ou criar confusão e maus entendidos.

A linguagem corporal pode motivar a repetição, contradição ou substituição da palavra falada. Os sinais também podem complementar ou acentuar o que está sendo dito. Diferentes tipos de linguagem corporal incluem expressões faciais, contato visual, movimentos, gestos, postura e toque. A face pode claramente expressar alegria, tristeza, medo, raiva e nojo, e as expressões são as mesmas para pessoas de qualquer lugar. Contato visual pode significar afeição ou hostilidade. Movimentos como sentar, caminhar, levantar-se, gestos como abanar a mão ou apontar, a compostura e movimentos sutis de uma pessoa podem expressar muito. Apertos de mão, abraços, tapinhas no ombro e outras formas de toque podem comunicar mais do que palavras.

Tom de voz também é parte da comunicação não verbal. Como você diz algo é mais importante do que o que você diz. Você precisa compreender que as pessoas ouvem quão alto é sua voz quando você conversa, o tom do seu discurso ou quão rápido você fala. Você pode dizer um simples "um-hum" e isso pode indicar confiança, raiva ou sarcasmo.

É importante ser capaz de ter uma linguagem corporal poderosa e interpretá-laeficientemente. Este livro irá lhe mostrar técnicas de como você pode criar impressões duradouras através da sua linguagem corporal assim como entender o que outras pessoas estão dizendo através da comunicação não verbal.

Capítulo 1:
O Básico da Linguagem Corporal

O corpo humano é a melhor imagem da alma humana. - Ludwig Wittgenstein

Desde o início dos tempos, as pessoas comunicam suas necessidades, sentimentos, desejos e medos uns aos outros. Eles se comunicam de duas maneiras – verbal ou não verbal. Linguagem corporal é como as pessoas se expressam sem palavras. Elas se comunicam usando gestos, expressões faciais, reações físicas, barulhos e mudanças fisiológicas. A linguagem corporal é tão inerente a comunicação humana que ícones emocionais foram integrados as interações escritas.

O corpo consegue comunicar-se eficientemente quando as palavras não bastam e as pessoas precisam que os outros saibam o que elas pensam, sentem ou precisam. Por exemplo, o rosto chocado, boca aberta e corpo paralisado podem expressar medo ou surpresa. Você pode dizer quando alguém está comendo alguma coisa azeda ou cheirando alguma coisa podre pela forma como seu rosto se contrai. O corpo reage rapidamente, especialmente se há algum tipo ameaça sobre ele.

É possível dizer se uma pessoa está feliz ou triste, confortável ou não, brava ou calma através de sua postura, reações faciais, e movimentos. A linguagem corporal é geralmente rápida e genuína. Pode tranquilamente enviar e receber uma mensagem sobre o que está acontecendo. O corpo humano é projetado para reagir a estímulos visuais. Desta maneira o cérebro pode detectar e compreender a linguagem corporal das pessoas.

Por exemplo, você pode perceber se a pessoa conversando com você está com pressa ou precisa urgentemente sair de uma situação pela forma como seu corpo se afasta ou aponta para outra direção. Mesmo que ela não diga isso verbalmente, você pode deduzir que ela realmente precisa interromper a conversa e partir. É como se a linguagem corporal dela enviasse uma mensagem para o seu cérebro com suas intenções. Geralmente, a linguagem corporal é mais precisa do que a comunicação verbal.

A ciência da linguagem corporal
O Sistema límbico do cérebro humano é projetado para processar pensamentos, emoções e intenções em tempo real. Enquanto que em alguns casos a linguagem corporal precisa ser estudada e refinada, o corpo geralmente mostra o que pressente imediatamente. Alguns exemplos são:
- Compressão dos lábios quando se ouve uma notícia triste ou preocupante.
- Mandíbulas e punhos cerrados quando se está bravo ou chateado.
- Esfregar a nuca ou colocar a mão sobre o rosto quando se está estressado ou confuso.
- Arquear as sobrancelhas quando se está em dúvida ou animado.
- Abaixar o queixo quando se está desconfortável ou depressivo.

Linguagem corporal é universal. Não importa a raça, idade, ou gênero – De alguma forma as pessoas expressam certos sentimentos, necessidades e pensamentos da mesma maneira. Humanos são seres sociais e sempre encontramos uma forma de nos comunicar. O cérebro límbico expressa os verdadeiros sentimentos de uma pessoa assim como entende e responde as comunicações não verbais que pressente.

A importância de entender a linguagem corporal de outras pessoas
Uma vez que está estabelecido que a linguagem corporal de uma pessoa reflete seus verdadeiros pensamentos e sentimentos, você precisa avaliar e entender o que as diferentes linguagens corporais significam. Isso será especialmente útil em relacionamentos – seja com família, amigos, conhecidos ou nos negócios. Você será capaz de identificar comportamentos sutis assim como identificar problemas em potenciais ainda não ditos e abordados.

O ditado "ações falam mais do que palavras" é verdadeiro por que as pessoas se comunicam mesmo sem dizer uma única palavra. Por exemplo, um levantar de ombros pode significar que você não liga ou não sabe. E ainda, as pessoas podem reforçar o que elas estão dizendo através de expressões faciais e gestos. Um abraço longo e apertado torna mais significativo as palavras "Estou aqui para você".

Nos capítulos seguintes, você irá descobrir o maravilhoso poder da linguagem corporal. Você irá aprender como se expressar mais efetivamente através da comunicação não verbal. Além disso, você irá entender e aprender como interpretar linguagem corporal dará a você insights e a ajuda para valorizar relacionamentos e situações para o seu próprio benefício.

Capítulo 2:
Compreendendo a Simples, Porém Ponderosa Linguagem Corporal

O que você faz fala tão alto que eu não consigo ouvir o que você diz.
- *Ralph Waldo Emerson*

Mesmo que a linguagem corporal seja sutil, é ao mesmo tempo uma expressão poderosíssima dos seus pensamentos, sentimentos e desejos. É importante que você aprenda a se expressar através de comportamentos não verbais tanto quanto reconhece efetivamente as respostas nãos verbais das outras pessoas. Aqui estão algumas áreas de interesse:

1. Postura

A forma como você se levanta ou senta reflete sua confiança e quão confortável você se sente consigo mesmo ou em uma determinada situação. O que chamamos de pose de poder é uma das linguagens corporais que podem expressar não somente equilíbrio e firmeza, mas também aumentar o seu nível de autoconfiança e sua força interna, especialmente em situações sociais tais como conhecer novas pessoas, uma entrevista de emprego, ou negociar um acordo comercial.

2. Olhar Fixo

É necessário entender a diferença entre encarar alguém e estabelecer contato visual. Encarar pode significar uma invasão do espaço pessoal da outra pessoa, e encarar por muito tempo pode ser identificado como uma ameaça. Fazer contato visual, por outro lado, pode significar que você está interessado na pessoa, tal como quando ela está falando e você a ouve atentamente. No caso de fazer contato visual com estranhos, isso pode ser percebido como flerte, e se você não está interessado, deve simplesmente olhar em outra direção. Olhar fixo nos olhos pode ser percebido como um certo grau de amor ou estima.

3. Aproximar-se

Quando uma pessoa se aproxima e invade seu espaço pessoal, isso pode causar reações negativas e positivas. Entre pessoas que se conhecem, aproximação estimula amor e afeição. Entre estranhos, pode despertar medo, raiva, desconforto ou irritação.

4. Toque

Toques não invasivos, não sexuais, geralmente despertam uma resposta positiva. Colocar a mão sobre o braço ou ombro, por exemplo, pode significar suporte e confiança para a pessoa que está sendo tocada.

5. Sorrir

O sorriso é uma língua universal. Não somente incita reações positivas nas pessoas a sua volta, irá também despertar felicidade dentro de você. Se você quer ser uma pessoa que emana uma energia positiva e mostra as pessoas que elas podem se aproximar de você, sorrir é a chave.

Capítulo 3:
Ler as Emoções e Pensamentos das Outras Pessoas

A coisa mais importante na comunicação é ouvir o que não está sendo dito.
- Peter F. Drucker

Aprimorar suas habilidades de comunicação – sejam verbais ou não verbais – oajudará tanto na sua vida pessoal como profissional. Não somente você deve dominar suas próprias expressões através da linguagem corporal, também deve discernir como as outras pessoas estão se comunicando com você de formas não verbais. Você pode compreender muito mais do que está sendo dito quando é capaz de entender linguagem corporal.Dominar a arte de ler as emoções e pensamentos das outras pessoas lhe permitirá ler entre as entrelinhas e tomar decisões mais apropriadas em diversas situações.
Aqui estão alguns exemplos:

Entender como uma pessoa se sente

Alguém pode lhe dizer que está feliz, mas seus ombros estão caídos e seu sorriso é tímido. Ela pode dizer que está de acordo com o que você disse ou propôs, mas desvia o olhar enquanto responde e solta um suspiro. Tenha em mente que suas ações dizemverdadeiramente o que ela está pensando ou sentindo e que suas palavras o contradizem. Entender isso éespecialmente útil em relacionamentos. Você pode precisar disso se:
Precisar conversar com alguém sobre o que a está incomodando para ajudá-la.
A outra pessoa estiver precisando de um tempo sozinha e você deve se afastar por um tempo.
Estiver pedindo que alguém faça algo que ela não quer.

Saber se uma pessoa não está lhe dizendo a verdade

Prestar atenção em como o corpo de uma pessoa reage o ajudará a discernir se ela está lhe dizendo a verdade. Uma boa maneira de ler os sentimentos e pensamentos de uma pessoa através da linguagem corporal é fazer contato visual. Geralmente, a pessoa que não pode lhe olhar diretamente nos olhos pode estar mentindo ou escondendo a verdade. Alguém que está mentindo pode gaguejar, alterar o volume de voz ou limpar a garganta enquanto fala com você sobre alguma coisa. Ela também pode desviar sua atenção balançando o corpo de um lado para o outro ou batendo os pés. Uma pessoa que está desconfortável com o que está dizendo irá corar ou colocar as mãos sobre o rosto enquanto fala.

Durante entrevistas de emprego

Geralmente, um entrevistador ouve mais do que o entrevistado está dizendo. Eles checam o que sua linguagem corporal está transmitindo, como confiança ou arrogância. Uma pessoa pode discorrer sobre suas conquistas e habilidades, mas sua linguagem corporal diz outra coisa.

Com frequência, empregadores não só procuram pessoas que podem se expressar verbalmente, mas que também demonstrem autoconfiança e talento através de sua linguagem corporal. Por outro lado, se você é um candidato e percebe que o entrevistador está levantando as sobrancelhas ou as franzindo de algum modo, então você deve se atentar ao fato de que ele não entendeu ou não acredita no que você está dizendo. Você pode ter que reformular ou explicar melhor.

Durante conversas

Você precisa ler os sentimentos e pensamentos das pessoas, especialmente quando está conversando com elas, então saberá se elas estão genuinamente interessadas no que você está dizendo, se você precisa se explicar mais ou conseguir sua atenção, ou se alguém está se impondo a você.

Se uma pessoa se inclina para frente quando você está falando, você percebe que ela está realmente interessada.

Se ela olha para todos os lados menos para você e se inclina para trás, ela provavelmente está entediada ou não liga para o que você está dizendo.

Se alguém se inclina para frente, mas está de pé muito próxima a você, isso pode significar que ela está assertivamente o persuadindo a ouvi-lo.

Se você está conversando com alguém, pode demonstrar que está interessado, e não só esperando sua chance de falar, estabelecendo contato visual.

Outras situações comuns

Quando alguém coloca suas mãos no peito, isso mostra sinceridade.

Quando alguém esfrega seu nariz, isto expressa animosidade.

Quando alguém olha para pessoa primeiro antes de falar, ela está tentando se lembrar de algo importante.

Quando alguém olha a outra pessoa por cima, ela pode estar sondando a outra pessoa.

Quando você entende como ler a linguagem corporal das outras pessoas, dá vantagem a si mesmo. Você será capaz de aprimorar e manter seus relacionamentos, conseguirá identificar se alguém está mentindo para você, será um comunicador efetivo e aumentará sua autoconfiança.

Capítulo 4:
Interpretandoa linguagem corporal das outras pessoas

Conecte-se com a maneira como a outra pessoa se sente. Sentimentos são 55% linguagem corporal, 38% tom de voze 7% palavras.
- EdenShapoura

Algumas pessoas que conseguem intuitivamente interpretar comunicação não verbal, os que não têm esse dom natural para ler linguagem corporal podem aprender e aprimorar essa habilidade.

A seguir, uma lista com expressões comuns de linguagem corporal e seus significados gerais. Você precisa avaliar a informação que está sendo transmitida por uma pessoa, se está confortável ou desconfortável de acordo com padrões de comportamentos. A análise da linguagem corporal também irá depender da situação em que se encontra. Por exemplo, uma pessoa parece triste e desconfortável em uma festa comparado a alguém parecendo triste e desconfortável em um hospital. Eles têm diferentes motivos para suas expressões não verbais. Da mesma forma sua resposta será diferente: você pode perguntar ao primeiro se há alguma coisa errada, enquanto que para o último, já é bastante compreensível.

É necessário lembrar que linguagem corporal não é comprovada como uma ciência exata, mas ela definitivamente nos dá dicas e sugestões que ajudam a interpretar as necessidades, pensamentos e sentimentos não ditos das pessoas. Da mesma forma, é sempre bom ter em mente que um único comportamento não irá te dar entendimento do todo.

Lábios:
Este é um dos sinais de linguagem corporal mais fácil de serem estudados. Algumas expressões faciais são as mesmas em diferentes raças e culturas. Desde a infância, pessoas são ensinadas a se expressarem através de indicações faciais que são apropriadas a certas situações. Aqui estão algumas expressões faciais que

você pode observar para ter uma pista sobre o que a outra pessoa pode estar pensando ou sentindo:

- Sorriso Falso.

Um sorriso real e genuíno é aquele que alcança os olhos, e não somente os cantos da boca. Se o sorriso não envolve as pálpebras e sobrancelhas, e a cabeça não está inclinada para cima, então o sorriso provavelmente é falso.

- Lábios cerrados.

Isto indica desconforto ou não estar dizendo toda a verdade.

Gestos com as palmas das mãos

Submissive Palm Position   Dominant Palm Position   Aggressive Palm Position

- **Posição Submissa da Palma** - A palma para cima é geralmente submissa, gesto não ameaçador, como o gesto suplicante de um pedinte de rua. A pessoa a quem se pede não sente que o pedido está sendo feito com pressão e, em uma situação superior / subordinado normal, não se sentirá ameaçada pelo pedido.

- **Posição Dominante da Palma** - Quando a palma está virada para baixo irá imediatamente evocar autoridade. A pessoa a quem você está direcionando o pedido sente que foi dada a ela uma ordem, e ela pode sentir-se contrariada dependendo da relação de vocês. Por exemplo, se a pessoa a quem você fez o pedido é um colega de trabalho que tem a mesma posição que a sua, ele pode rejeitar o seu pedido com a palma para baixo, e ela seria muito mais propensa a satisfazer o seu pedido se você tivesse usado a palma da mão para cima. Se for um subordinado, a palma da mão para baixo é um gesto mais aceito, uma vez que você tem autoridade para usá-lo.

- **Posição Agressiva da Palma** - A palma em um punho fechado ou um dedo apontando torna-se um símbolo onde o falante de forma figurativa bate no seu ouvinte fazendo dele submisso. O dedo apontando é um dos mais irritantes gestos que uma pessoa pode usar enquanto fala, especialmente quando marca o ritmo do discurso do falante. Se você habitualmente aponta o dedo, tente praticar as posições para cima e para baixo da palma, e você perceberá que está criando um clima mais relaxado e tem um efeito mais positivo nas pessoas.

Mãos e Braços

Aprender sobre o movimento das mãos e braços, como quão alto eles se estendem, quão rápido se movem e o espaço que eles ocupam pode te dizer muita coisa.
Movimentos que desafiam a gravidade geralmente são positivos. Pessoas que estão felizes ou animadas podem levantar o queixo, mexer braços e pernas para cima ou até mesmo saltarem. Você descobrirá que pessoas confiantes balançam seus braços enquanto caminham. Pessoas animadas comumente mexem seus braços

bem acima de suas cabeças fazendo movimentos rápidos com as mãos enquanto falam entusiasmadas.

Pessoas que estão inseguras ou desconfortáveis comumente restringem o movimento de seus braços e mão. Pessoas que estão desapontadas ou tristes irão afundar seus ombros e ter seus braços caídos soltos.

Esfregar as mãos:

Positive Approach

Esfregar as mãos é uma maneira não verbal das pessoas expressarem expectativas positivas.

Entrelaçar as mãos:

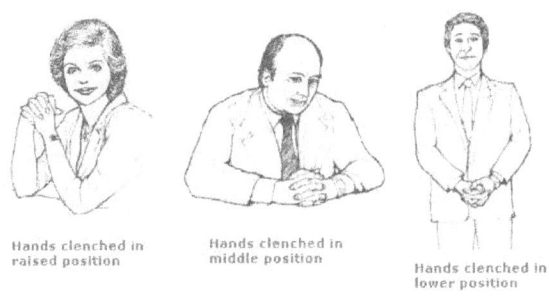

Hands clenched in raised position
Hands clenched in middle position
Hands clenched in lower position

NierenbergeCalero concluíram em uma pesquisa sobre as mãos entrelaçadas, que isso é um gesto de frustração, sinalizando que a pessoa está escondendo uma atitude negativa. Há três posições principais.

- A pessoa que está com as mãos para cima e entrelaçadas é mais difícil de lidar do que a que está com as mãos descansadas para baixo. Assim como em todos os gestos negativos, algumas ações precisam ser tomadas para que a pessoa solte os dedos exibindo as palmas das mãos em frente ao corpo, ou a atitude hostil se manterá.

The raised steeple   The lowered steeple

Mão pináculo:

Pessoas que são confiantes, do tipo superior, ou que usam gestos mínimos ou restritos, geralmente usam este gesto, e, por assim fazê-lo, elas sinalizam sua atitude confiante. É frequentemente usado em interações superior / subordinado, podendo ser um gesto isolado, o que indica uma atitude de confiança ou de sabe tudo. Gerentes frequentemente usam esse gesto quando dando instruções ou conselhos aos seus subordinados, e é particularmente comum entre contadores, advogados, gerentes, e profissionais desse tipo. O gesto tem duas versões;

- **O pináculo para cima** - A posição é normalmente usada quando o agente está dando suas opiniões ou ideias e comandando a conversa.

- **O pináculo para baixo** - A posição é normalmente usada quando o agente está ouvindo ao invés de falando.

Segurando Mãos, Braços e Pulsos:

- **Gesto de**

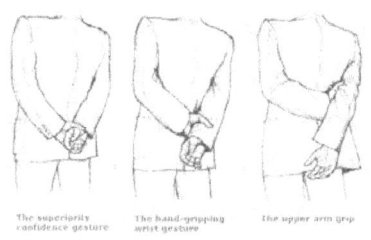

- **Superioridade** – Diversos proeminentes homens membros da Família Real Britânica são notados pelo hábito de andar com a cabeça erguida, queixo pra frente, e uma mão segurando a outra as costas. Não somente a Realeza britânica usa esse gesto; é comum entre a Realeza de muitos países. Em um ambiente comum, o gesto é usado por um policial enquanto patrulha sua área, um diretor de escola caminhando pelo pátio, militares, e outros cargos de autoridade.

- **Mão segurando o Pulso** - Este é um sinal de frustração e uma tentativa de autocontrole. Neste caso a mão segura o pulso bem apertado como se um braço prevenisse o outro de fazer um ataque
- **Segurando o antebraço** - Quanto mais para cima a mão estiver segurando o braço, mais brava a pessoa estará. Ela está demonstrando uma tentativa de autocontrole muito maior que a pessoa segurando o pulso, a mão está segurando o braço e não somente o pulso. É desse tipo de gesto que surgiu a expressão 'Get a goodgriponyourself, numa tradução literal "Segure-se bem".

Disposição dos Dedões:

The dominant male   The dominant female

Os dedões denotam força de caráter e ego, e o uso não verbal dos dedões está de acordo. Eles são usados para demonstrar dominância, superioridade ou até mesmo agressão; os gestos dos dedões são secundários, um suporte conjunto com toda uma postura. Expor os dedões é um sinalpositivo, geralmente usado em uma pose típica de um gerente descontraído na presença de seus subordinados.

- **Macho dominante** - Braços dobrados com os dedões apontando para cima é outro gesto popular do dedão. Este é um sinal duplo, sendo uma atitude defensiva ou negativa (braços dobrados), combinado a uma atitude de superioridade (exposição dos dedões). A pessoa que usa este gesto duplo geralmente gesticula com os dedões, e é comum se balançarem na ponta dos pés quando estão de pé.
- **Fêmea Dominante** - Mulheres dominantes ou agressivas também usam este gesto. O movimento feminista permitiu que elas adotassem muitos gestos e posturas masculinas.

Além disso, pessoas que usam os dedões dessa forma, geralmente irão se balançar nas pontas dos pés para dar a impressão de serem mais altos.

Gestos de barreiras com os braços
Gestos Padrões de Braços Cruzados:

Standard arm cross

O gesto padrão de braços cruzados é um gesto universal que significa uma atitude defensiva e negativa em quase todos os lugares. É geralmente visto quando a pessoa está em reuniões públicas entre estranhos, filas, cafeterias, elevadores ou qualquer lugar onde a pessoa se sinta incerta ou insegura.

Superior attitude shown

Gesto Segurando os Braços

- **Um tipo superior** pode fazer sua superioridade ser sentida por pessoas que ele acabou de conhecer não cruzando os braços, mas dobrando-os com ambos os dedões apontados para cima.
- Este gesto é uma versão de uma atitude defensiva com os dois braços sendo mantidos horizontalmente em frente ao corpo exibindo os dedões, mostrando-se uma pessoa agradável.

Gestos de Barreiras com Braços Parcialmente Cruzados

- O gesto com os braços totalmente cruzados muitas vezes é obvio demais para ser usado por dar a entender as outras pessoas que estamos amedrontados. Ocasionalmente, nós o substituímos por uma versão mais sutil – os braços parcialmente cruzados, onde cruzamos um braço na frente do corpo para segurar ou tocar o outro formando uma barreira.

- A barreira parcial com um braço é frequentemente vista em reuniões onde a pessoa é nova no grupo ou não se sente confiante. Outra versão popular de barreira parcial com os braços é segurar as mãos dadas em frente ao corpo, gesto comumente usado por pessoas que estão de pé em frente a uma platéia para receber um prêmio ou para dar um discurso.

Braços cruzados disfarçados

- **Braços cruzados disfarçados** -São gestos altamente sofisticados usados por pessoas que são constantemente expostas a outras. Este grupo inclui políticos, vendedores, personalidades da TV entre outros, que não querem que sua audiência note que eles não estão tão seguros de si mesmo ou nervosos.

Ombros, peito e barriga

Por causa do instinto natural, as pessoas tendem a proteger seu tronco em situações onde elas se sentem desconfortáveis ou ameaçadas.Elas somente permitem acesso quando elas se sentem seguras, e querem se abrir para os outras.Aprender como uma pessoa demonstra seus pensamentos e sentimentos através de dicas não verbais envolvendo o tronco fará você notar se ela está aberta a você ou se distanciando.

Se você está conversando com uma pessoa, por exemplo, e seu corpo está levemente virado para o lado oposto, então essa pessoa não gosta de você ou está se protegendo de você. Por outro lado, uma pessoa que gosta de você irá quase sempre se inclinar e virar-se na sua direção.

Pernas

Estudos mostram que você pode avaliar melhor a honestidade de uma pessoa olhando para como suas pernas e pés falam. A face pode te dar alguns sinais, mas algumas pessoas são treinadas para fingir usando ou controlando suas expressões faciais. Mas as pernas e os pés têm muito a dizer.

É bem parecido com o tronco – pessoas que se gostam terão suas pernas e pés apontados ou inclinados na direção um do outro. Pés e pernas que estão levemente apontados para outra direção, indicam o desejo da pessoa de partir. Cruzar uma das pernas enquanto se está de pé, indica o desejo da pessoa de ficar onde ela está.

Posição Padrão da Perna Cruzada

- **Uma perna cruzada** rente sobre a outra, geralmente a esquerda sobre a direita. Está é a posição normal da perna cruzada usada pelas culturas européias, britânicas, australianas, e neozelandesas e podem indicar nervosismo, reserva ou atitude defensiva.

- **Por exemplo, pessoas** usualmente se sentam dessa maneira durante palestras ou quando elas estão sentadas por longos períodos em cadeiras desconfortáveis.
- Quando a posição da perna cruzada é combinada com os braços cruzados, a pessoa se retirou da conversa.

Perna Cruzada em Forma deQuatro

- **Esse tipo de cruzamento de perna** indica que existe uma **atitude argumentativa ou competitiva**. É uma posição usada por muitos homens Americanos que possuem uma natureza competitiva. Assim sendo, é difícil interpretar o gesto em uma conversa quando usado por um Americano, mas é bem obvio quando o gesto é usado por um britânico.
- **A pessoa** que tem uma **atitude agressiva e rápida em um argumento** ou debate irá frequentemente manter fixo a **forma do quatro** no lugar com

uma ou ambas as mãos, usando-as como se fossem uma braçadeira. Isso são indícios de uma pessoa inflexível e teimosa, que pode precisar de uma abordagem especial para quebrar sua resistência.

Gestos com a perna cruzada de pé
Posição dos calcanhares cruzados

- **Versão Masculina do Calcanhar Cruzado** – é geralmente combinada com punhos serrados descansando sobre os joelhos ou com as mãos segurando firmes os braços de uma cadeira.

- **Versão Feminina do Calcanhar Cruzado** –é sutilmente diferentes, os joelhos são mantidos juntos, um dos pés pode estar virado para o lado e as mãos descansam sobre as coxas uma ao lado da outro ou uma sobre a outra.

Olhos

Novamente, pessoas que estabelecem contato visual indicam que elas estão interessadas em você, enquanto pessoas que parecem desviar o olhar estão entediadas ou desinteressadas. Por outro lado, olhar nos olhos é algo cultural. Na América Latina e culturas Africanas, por exemplo, é ensinado aos mais jovens a não encarar pessoas de maior autoridade como sinal de respeito e humildade.

Pessoas são diferentes e se expressam de maneiras diferentes. Por exemplo, quando uma pessoa confiante está com seus ombros caídos, você pode facilmente dizer que ela está desapontada ou triste. Mas uma pessoa tímida tem seus ombros caídos e cabeça baixa simplesmente por que ela é introvertida, e não necessariamente por que ela está triste. Você precisa entender os padrões dos comportamentos tão bem quanto às falhas de personalidade das pessoas para não interpretar erroneamente os outros, principalmente quando você passa a conhecer a pessoa melhor e em circunstâncias normais. A interpretação da linguagem corporal deve se basear em comportamentos que não são comuns ou confortáveis. O seu objetivo não é ser um paranormal ou qualquer coisa do tipo – o seu principal objetivo em aprender e interpretar a linguagem corporal é aprimorar os seus relacionamentos.

Gestos Com A Mão No Rosto.

- O guardião da boca é um dos poucos gestos adultos que são tão óbvios quanto de uma criança. A mão cobre a boca e o dedão fica pressionado contra a bochecha como se o cérebro subconscientemente o instruísse a tentar suprimir as palavras mentirosas que estão sendo ditas. Às vezes esse geste é feito com vários dedos sobre a boca ou até mesmo um punho cerrado, mas o significado é o mesmo.
- Muitas pessoas tentam disfarçar o gesto do guardião da boca com uma tosse falsa. Se a pessoa que está falando usa este gesto, isso indica que ela está contando uma mentira. Se, entretanto, ela cobre sua boca enquanto você está falando, isso indica que ela acredita que você está mentindo!

Tocar o Nariz e Esfregar o Olho

- **Tocar o Nariz** –Em essência, o gesto de tocar o nariz é um disfarce sofisticado da versão do guardião da boca. O gesto pode consistir de várias esfregadinhas leves abaixo do nariz, ou de um toque rápido, quase imperceptível.Assim como no gesto do guardião da boca, elepode ser usado tanto por quem está falando para disfarçar sua mentira, ou por quem está ouvindo e duvida das palavras sendo ditas.

- **Esfregar o Olho** - 'Não vejo mal algum' diz o sábio macaco, e esse gesto é uma tentativa do cérebro de bloquear uma enganação, dúvida ou mentira que ele percebe ou para evitar olhar no olho da pessoa que está dizendo a mentira. Homens geralmente esfregam seus olhos vigorosamente e se a mentira for grande, eles geralmente desviam o olhar, normalmente em direção ao chão. Mulheres esfregam abaixo dos olhos gentilmente, tanto por que elas foram educadas a não fazer gestos exagerados ou para evitar borrar a maquiagem. Elas também evitam olhar nos olhos olhando para o teto.

Massagear a Orelha e Coçar o Pescoço

- **Massagear a Orelha** —Esse é, com efeito, uma tentativa sofisticada do ouvinte de "não ouvir o mal" tentando bloquear as palavras colocando as mãos em volta ou sobre a orelha.Essa é a versão adulta sofisticada do gesto das duas mãos cobrindo os ouvidos usados por crianças que querem bloquear as reprimidas de seus pais. Outras variações do gesto de massagear a orelha incluem massagear atrás da orelha, cutucar o ouvido com o dedo (onde a ponta do dedo é enfiada dentro e fora do ouvido), puxar o lóbulo da orelha ou dobrar toda a orelha cobrindo o orifício do ouvido. Esse último gesto sinaliza que a pessoa já ouviu o suficiente ou quer falar.

- Coçar o Pescoço - Neste caso, o dedo indicador da mão com a qual se escreve coça logo abaixo do lóbulo da orelha, ou pode coçar um lado do pescoço. Nossa observação desse gesto revela um ponto interessante. A pessoa coça aproximadamente cinco vezes. Raramente o número de coçadas é maior ou menor que cinco. Esse gesto é um sinal de dúvida ou incerteza, e é uma característica da pessoa que diz "Não tenho certeza se eu concordo". Percebemos claramente quando a linguagem verbal se contradiz, por exemplo, quando a pessoa diz algo como "Eu sei como você se sente".

O Gesto de Puxar o Colarinho e O Gesto dos Dedos na Boca

- **Puxar o Colarinho** —Quando a pessoa está se sentido nervosa ou frustrada, ou está suando, precisa puxar o colarinho pra longe do pescoço numa tentativa de deixar entrar um ar e se refrescar. Quando você vê alguém usando esse gesto, uma pergunta do tipo, "Você poderia repetir, por favor?" ou, "Você poderia esclarecer esse ponto, por favor?" pode fazer com que o enganador desista do jogo.

- **Dedos na Boca** –A explicação de Morris para esse gesto é que quando os dedos são colocados na boca, a pessoa está sobre pressão.Enquanto a maioria dos gestos com a mão na boca envolve mentiras ou decepções, o gesto dos dedos na boca é uma manifestação externa de que internamente a pessoa precisa ser tranquilizada. Dar garantias e confirmações a pessoa é apropriado quando esse gesto aparece.

Gestos envolvendo a Bochecha

- **Gesto do Tédio**–Quando um ouvinte começa a usar sua mão para apoiar sua cabeça, isto é um sinal de tédio, e a mão segurando a cabeça é uma tentativa de manter a cabeça erguida e tentar não dormir. Tédio extremo e falta de interesse são demonstrados quando a mão está segurando completamente a cabeça.
- **Gesto de Interesse** – A mão descansando encostada a bochecha indica o gesto de interesse. Geralmente o dedo indicador está apontando para cima. Se a pessoa começar a perder interesse, mas quer

aparentar estar interessada por cortesia, a posição mudara levemente, tendo a base da palma da mão dando suporte para a cabeça.

- **Interesse Genuíno** é demonstrado quando a mão está encostada à bochecha, mas sem servir como suporte a cabeça.

Os Gestos de Acariciar o Queixo

- Quando o dedo indicador está apontando verticalmente para cima encostado a bochecha e o dedão apóia o queixo, o ouvinte está tendo pensamentos negativos ou críticos sobre o orador ou o assunto. Frequentemente o dedo indicador pode esfregar os puxar o olho conforme os pensamentos negativos continuam.
- Na próxima vez que você tiver a oportunidade de apresentar uma ideia a um grupo de pessoas, observe-os cuidadosamente enquanto você a apresenta, e você notará algo

fascinante. A maioria, se não todos os membros da sua platéia trarão uma das mãos à face e começarão a usar gestos avaliativos. Conforme você chega à conclusão da sua apresentação e pede ao grupo para compartilharem suas opiniões ou sugestões sobre a ideia, os gestos avaliativos cessarão. Uma das mãos irá se mover para o queixo e dará início ao gesto de acariciar o queixo.

- Esse gesto de acariciar o queixo é um sinal de que o ouvinte está tomando uma decisão. Quando você pede aos seus ouvintes por uma decisão e seus gestos mudam de avaliativos para tomadas de decisão.

Gestos de acariciar e bater na cabeça

- **Gesto da dor no pescoço** - A pessoa que usa esse gesto quando está mentindo geralmente evita olhar nos olhos olhando para baixo. Esse gesto também é usado como sinal de frustração ou raiva e, quando for o caso, a pessoa dá uma tapa na parte de trás do pescoço e depois passa a acariciá-lo.

- **Gesto do esquecimento** - Bater na cabeça comunica o esquecimento, a pessoa sinaliza como ela se sente com relação a você ou à situação com o gesto de bater em sua cabeça, testa ou pescoço. Se ela bate na testa, isso significa que ela não se sente intimidada por você ter mencionado seu esquecimento. Mas se ela bate no parte de trás do pescoço, ela está dizendo não verbalmente que você é um incomodo por apontar seu erro.

Capítulo 5:
Usando a Linguagem Corporal
Para Criar Boas Impressões

Linguagem corporal é uma ferramenta ponderosa. Nós possuíamos linguagem corporal antes de termos fala, e aparentemente, 80% do que entendemos em uma conversa é compreendido através do corpo, e não pelas palavras.
- Deborah Bull

Assim como você deve dominar a arte de ler as pessoas através da linguagem corporal, você também deve dominar a sua linguagem corporal. As pessoas tendem a compartilhar coisas sobre elas mesmas, e se importam mais com o que elas pensam e sentem, e podem acabar negligenciando ou serem indelicados com os outros com sua linguagem e expressões não verbais.

Por exemplo, você tem um amigo que está lhe contando animadamente sobre sua recente viagem para a Bahamas, e você está bocejando ou inclinando para trás. Isso mostra claramente o seu desinteresse e você está o desencorajando a falar sobre ele. Tenha em mente que boa comunicação é vital em relacionamento e isso inclui linguagem corporal. Você precisa responder positivamente e de forma genuína, e pense como os outros irão se sentir sobre como você reage. Você pode até estar desinteressado, mas não significa que você deve demonstrar. Sensibilidade é uma boa virtude.

Por outro lado, pode haver situações nas quais você realmente está nervoso, preocupado, ou inquieto sobre algo, mas supostamente você não deve demonstrar. Aqui estão algumas dicas sobre como manter sua linguagem corporal alinhada para que você passe uma boa impressão:

Mesmo que você esteja ansioso, tente não demonstrar

Se você estiver em uma situação que ao menos não é ameaçadora, você pode enganar a sua ansiedade para fazer as outras pessoas se sentirem bem vindas e encorajadas. Para fazê-lo, você deve fazer um esforço consciente para mudar o seu foco. Talvez você esteja agitado ou entediado, mas pode controlar seus movimentos corporais tais como rolar os olhos ou balançar suas pernas. Aprenda a falar de vagar independente da sua ansiedade. Quando estamos nervosos, tendemos a falar rápido e suas palavras podem sair confusas. Respire fundo para aliviar a tensão, então você poderá falar acertadamente.

Finja um humor leve.
Se você estiver se sentindo mal humorado ou depressivo, você não tem que mostrar isso para todo mundo. Haverá ocasiões onde você deve fingir até conseguir, especialmente quando você está com alguém que acabou de conhecer. Você não irá querer dar a má impressão de que é uma pessoa negativa. Além do mais, espalhar mau humor só irá deprimir a outra pessoa também.

Se você não pode evitar e acabou demonstrando seu mau humor a princípio, simplesmente refaça. Você pode ir até a pessoa e desculpar-se pelo mau comportamento que causou uma má impressão e dizer "eu não estava num bom momento mais cedo". As pessoas irão apreciar sua autoconsciência e humildade. Você então pode começar do zero novamente.

Esteja em sincronia consigo mesmo.
Boas primeiras impressões são importantes. Certifique-se que sua expressão facial, sua postura, seus gestos e sua voz estão em uma sincronia positiva. Quando você conhece alguém novo ou espera causar uma boa impressão, você quer que as pessoas vejam que você genuinamente está conectado com todo seu ser.

Capítulo 6:
Persuadire Influenciar Eficientemente

Quanto mais elaborado nossos meios de comunicação, menos nos comunicamos.
- Joseph Priestley

Você pode persuadir uma pessoa usando palavras, mas pode tornar seu encorajamento mais efetivo com sugestões não verbais. Linguagem corporal é uma maneira ponderosa de passar sua mensagem. Entretanto, se você não for cuidadoso, você pode transmitir uma mensagem errada. Para influenciar os outros, você precisa saber usar seus olhos, sua face, suas mãos, e sua voz.

Aqui estão alguns exemplos de como você pode usar linguagem corporal para influencia e persuadir pessoas:

Peça pessoalmente

Se você precisa de informação, a melhor opção é fazer esse pedido pessoalmente ao invés de mandar um email ou uma mensagem. É ainda mais efetivo do que uma ligação telefônica. Você irá perceber que é mais fácil rejeitar um pedido via email, então se você quer uma resposta positiva, faça o pessoalmente.

Quando você está pedindo algo, observe a linguagem corporal da pessoa para que você possa fazer ajustes enquanto passa sua mensagem. Por exemplo, a pessoa que você está conversando acena com a cabeça, mas não diz mais nada, é hora de parar de falar. Por outro lado, se ela acena levemente com cabeça e diz não, então você pode continuar a conversa.

Quando fizer um pedido, você pode expressar sua paixão e emoção através do seu tom de voz, gestos e expressão facial. Esses são contagiantes e influenciadores – e você deveria fazê-lo pessoalmente. É bem difícil expressar suas emoções pelo telefone, e não importa quantos emojis ou pontos de exclamação você coloque no seu email. Encontre-se pessoalmente se você for pedir por algo – e se não for possível, você sempre pode optar por vídeo conferencia.

Mantenha sua linguagem corporal alinhada

Assim como você pode observar a linguagem corporal da outra pessoa quando cara a cara, você deve levar em consideração a sua própria linguagem corporal. Você pode dar uma boa ou má impressão simplesmente pela maneira como você se porta. Olhe sua postura – Você deve estar bem ereto, de cabeça erguida para projetar confiança – e tenha cuidado com quão perto você se aproxima de alguém invadindo seu espaço pessoal.

Estabeleça contato visual para que você se mostre confiável. Sorria naturalmente e reforce sua mensagem verbal com gestos de mão quando necessário. Isso dará a impressão de que você é dedicado e ativamente engajado. Quando você tem confiança no que está dizendo, influencia as pessoas a te ouvirem, acreditar em você e no que está dizendo.

Em contra partida, se você murmurar as palavras com seus braços cruzados na frente do peito, a cabeça para baixo, desviando o olhar, ninguém irá acreditar em uma palavra do que você está dizendo.

Seja Consistente

Algumas pessoas podem fazer grandes discursos usando palavras persuasivas, mas se sua linguagem corporal estiver em conflito com o que eles estão dizendo, seu discurso falhará. O ouvinte ficará confuso com a mensagem e terá que decifrar em que acreditar. Na maior parte das vezes, o ouvinte irá confiar na mensagem não verbal.

É por isso que suas palavras e ações devem estar em sintonia. Evite as ações abaixo quando estiver persuadindo alguém a acreditar em você:

- Sorriso falso
- Inquietação
- Ficar olhando em todas as direções
- Cruzar os braços
- Ser cínico
- Balançar o corpo

Para ser mais persuasivo, você precisa usar expressões faciais positivas e gestos que engajam seus ouvintes e lhes é atrativo.

Observe sua linguagem corporal

Expressões não verbais são diferentes para cada um. Um sorriso, por exemplo, pode evidenciar o prazer de alguém. Mas para outra pessoa, pode expressar seu nervosismo. Você precisa se observar quando dá esses sinais. Se você está em uma conversa onde há um tópico sobre injustiça, você pode se sentir nervoso e sorrir – não o faça. Isso pode ser entendido como um insulto ou falta de empatia da sua parte. Sempre leve em consideração a mensagem que suas expressões estão dando a entender.

Seja uma pessoa íntegra

Enquanto você deve observar as palavras que saem da sua boca, você precisa estar consciente da sua postura, o movimento das suas mãos, e suas expressões faciais. Isso não significa que você deve pensar nisso o tempo todo e perder o seu foco. Linguagem corporal é difícil de controlar por que geralmente expressa seus sentimentos mais verdadeiros. O que você precisa ter em mente é que você será persuasivo e influente, sem pensar demais em sua linguagem corporal, quando você está sendo genuíno. Se você é verdadeiro consigo e está falando honestamente, não será difícil fazer as pessoas acreditarem em você. Integridade, no final das contas, é a sua melhor arma quando o assunto é persuasão.

Novamente, quando o assunto é interpretarlinguagem corporal, você deve se lembrar destas coisas:

Algumas expressões faciais são ambíguas. Enquanto há esses gestos raros que possuem um significado definido, como o dedo do meio, sinal de jóia e paz e amor, lembre-se que a maioria dos gestos não possuem significado específico.

O rosto não é a única fonte de interpretação de linguagem corporal. Existem pessoas que escondem muito bem seus sentimentos, e alguns são verdadeiros mestres do disfarce.

O rosto pode não ser a única parte do corpo para interpretar linguagem corporal, mas é a que expressa às emoções mais fortes, especialmente se você aprender sobre micro expressões. Micro expressões são breves e desaparecem tão rápido quanto aparecem, mas elas surgem quando a pessoa tem fortes sentimentos que não querem admitir.

Capítulo 7:
Erros comuns ao interpretar
A linguagem corporal

A linguagem é certamente um recipiente muito pequeno para conter essas emoções da mente e do corpo que de alguma forma acordaram o espírito em resposta.
- Radclyffe Hall

Interpretar a linguagem corporal pode parecer fácil, mas com os aspectos pessoais e culturais envolvidos, pode se tornar complicado. As pessoas acham que elas sabem o que expressões faciais e gestos significam ou que tem um significado específico. Mas isso não é verdade. Aqui estão alguns dos erros comuns ao interpretar linguagem corporal:

Sorrisos mal compreendidos

Nem todo sorriso significa felicidade ou animação. Há pessoas que sorriem para disfarçar seu desconforto. Você precisa diferenciar um sorriso falso de um verdadeiro– e a chave é olhar nos olhos. Quando você percebe que o sorriso não é verdadeiro, então você pode responder de acordo.

Mentiras Mal Interpretadas

Enquanto você pode detectar se uma pessoa está desconfortável com que ela está dizendo devido ao estereotipado desviar de olhos, você precisa saber que essa não é a única maneira de reconhecer um mentiroso; a enganação pode ser bem complexa. Na verdade, algumas pessoas conseguem estabelecer contato visual mesmo quando não estão dizendo a verdade. Você precisa checar todas as outras dicas não verbais tais como movimento das mãos, pés e pernas.

Toques Mal Interpretados

O toque é geralmente visto como um sinal de amor e afeição, mas não deveria ser limitado a isso. Em alguns casos, toque pode significar dominação. Em resumo, pode simplesmente significar que a pessoa está chamando a sua atenção – sem sentimentos de afeição.

"uhs !? " Mal Interpretados

A noção comum de que pessoas que preenchem suas falas com "uhs" significa nervosismo não é inteiramente verdadeiro. Enquanto que usá-los não é desejável e você pode aprimorar o fluxo da sua comunicação evitando-os, estudos mostram que usar "uhs" é uma resposta positiva. Os "uhs" preenchem os vazios da conversa, fazendo-a mais suave e contínua.

Há apenas alguns mal entendidos comuns quando analisamos a linguagem corporal. Entretanto, você deve compreender que não há nenhum dicionário específico para linguagem não verbal. Você também não pode depender do senso comum para fazer suposições.

Uma coisa que você pode fazer para aprimorar sua compreensão da linguagem corporal é confiar nos seus instintos. Pessoas são programadas para compartilhar e compreender os sentimentos e emoções uns dos outros. Por exemplo, uma vez que você percebe medo, você reage imediatamente. Para começar a confiar nos seus instintos, você deve simplesmente pergunta ao seu inconsciente. Seu inconsciente irá gravar e detectar o grau de emoção e você terá uma idéia do que os outros estão projetando com sua linguagem corporal. No entanto não é fácil, você precisará de tempo e prática.

Conclusão

Ler os sinais do corpo e ser capaz de se expressar através de sugestões não verbais é uma ótima maneira de construir e fortificar relacionamentos. Linguagem corporal expressa sentimentos, pensamentos e intenções. É importante lembrar que uma vez que as emoções são expressas no corpo antes de serem registradas na mente consciente, um pessoa pode mostrar felicidade, impaciência ou raiva através dos sinais do corpo. Enquanto não há nenhum sinal claro e definitivo em linguagem corporal, você pode muito bem ter uma ideia geral se estiver totalmente sem noção. Isso é especialmente verdadeiro quando você está lendo pessoas que você conhece ou é próxima – isso vem de horas de aprendizagem sobre suas personalidades e histórico de vida.

Em resumo, se você está tentando ler ou interpretar a linguagem corporal das pessoas, aqui estão algumas coisas que você pode fazer:

Preste atenção na aparência, postura, e movimentos físicos.
Confie na sua intuição.

Honre insights rápidos e confira sensações intuitivas quando as pessoas fazem coisas que te fazem lembrar ou pensar em algo.

Aprender sobre linguagem corporal é uma maneira enriquecedora de interagir com outras pessoas. Lembre-se, comunicação é mais do que *o que* você diz; mas *como* você diz.

Aplique o conhecimento que você adquiriu com esse livro para melhor identificar e interpretar sugestões não verbais e use a linguagem corporal a seu favor. Você irá ter sucesso tanto nos seus relacionamentos pessoais quanto profissionais.

Quando compreender como usar bem as sugestões não verbais, você será capaz de persuadir, motivar e influenciar as pessoas. Quando se expressar, lembre-se de que suas palavras devem ser consistentes com suas expressões faciais, postura, tom de voz, gestos, movimentos, e a forma como você mantém distancia. Por último, a melhor maneira de usar linguagem não verbal efetivamente é ser genuíno. É a forma mais natural, entretanto, a mais efetiva técnica de interagir e conectar-se com as pessoas.

www.ingramcontent.com/pod-product-compliance
Lightning Source LLC
Chambersburg PA
CBHW071902070526
44583CB00016B/1800